NEW こどもの スケール・アルペジオ

根津栄子 著

音楽之友社

はじめに

こどもたちにとって、スケールやアルペジオは難しくて、
面倒なものというイメージが大きく、自分から進んで練習したがらないものです。
しかし、将来名曲を弾きこなし、ステージで素敵な演奏を披露するためには、
欠かせない必須課題です。

スケールやアルペジオを、調号の数にそって練習を進めることも大切ですが、
視点を変えて、指づかいが同じものや似ているもので分類すれば、
こどもたちは、より理解しやすく、より弾きやすくなり、
興味や練習意欲がわいてきます。

本書が、こどもたちの意欲をかきたてて、
スケール大好き!!、アルペジオ大好き!!なこどもを育て、
そのような生徒の様子を見ながら、指導者が一緒に楽しんで
基本を教えることができたら素晴らしいことですね。

種からかわいい双葉が出て、本葉に育ち、大きく花開くように、
本書を手にしたこどもたちが、少しずつ成長し、
やがてステージで堂々と名曲が披露できる日が来ますように。

根津栄子

もくじ

はじめに	3
せいとのみなさんへ	5
先生方へ	5
スケールのじゅんび①	6
スケールのじゅんび②	7
五度圏	8
スケール指づかい表	10
スケールノート（1オクターブ）	12
リス	12
ウサギ	19
パンダ	21
キリン	22
ゾウ	25
アルペジオ指づかい表	28
アルペジオのじゅんび①	29
アルペジオノート（1オクターブ）	30
イチゴ	30
ブドウ	32
リンゴ	34
サクランボ	35

スケールのじゅんび③	36
アルペジオのじゅんび②	37
スケール・カデンツ・アルペジオ	38
ハ長調	38
イ短調	40
ト長調	42
ホ短調	43
ニ長調	44
ロ短調	45
イ長調	46
嬰ヘ短調	47
ホ長調	48
嬰ハ短調	49
ロ長調	50
嬰ト短調	51
変ト長調	52
変ホ短調	53
変ニ長調	54
変ロ短調	55
変イ長調	56
ヘ短調	57
変ホ長調	58
ハ短調	59
変ロ長調	60
ト短調	61
ヘ長調	62
ニ短調	63

ミラクルドリル①	15	ミラクルドリル⑤	25
ミラクルドリル②	16	ミラクルドリル⑥	27
ミラクルドリル③	18	ミラクルドリル⑦	33
ミラクルドリル④	24		

せいとのみなさんへ

このがくふには、ピアノをすてきにひけるようになるための、
たいせつなれんしゅうが、かいてあります。
先生や、かぞくのひとと、いっしょに、ゆっくりよんで、
ひいたり、かいたり、☆にいろをぬったりしてね。
スケールは、だいすきな**どうぶつ**、**アルペジオ**はおいしい**くだもの**で、わけてあります。

いちばんたいせつなことは、すこしでもよいから、**まいにちれんしゅうすること！**
さいしょからさいごまで、がんばったら、かならず、すてきなきょくがひけるようになります。
ピアノがひけると、じぶんも、まわりのひとも、みんなしあわせになれますよ♪

先生方へ

● 五度圏（P.8～9）を見て、調号と主和音を結びつけてから本書をお使い頂くと、より効果的です。

● 1オクターブのスケールとアルペジオは、自分で臨時記号を楽譜に書き込むノート形式にしました。
　指づかいは、やさしいものから難しいものまで、段階に分け、動物や果物で示しました。
　最初から最後まで、頑張って弾けるように生徒を誘導してください。
　「スケール」も「アルペジオ」も、こどもたちの様子を見ながら、**焦らずゆっくり**と進めてください。

● 「スケール」は、たとえば次の方法で試してみましょう。
　　1. ハ長調の1オクターブのスケールを、平行進行でゆっくりと、手を見ながら弾くことができる。
　　2. 手を見ないで（上を向いて）弾くことができる。
　　3. 目をつぶって弾くことができる。
　　4. ピアノのフタを閉めてフタの上で弾くことができる。
　つまり、ハ長調のスケールを、できるまで徹底的に、しつこいほど覚えさせ、自信を持たせることが肝心です。
　自信が持てれば次へのチャレンジ精神がわき、成長へつないでいけるのです。

● P.38以降の「カデンツ」の下に出てくるTはトニック、Sはサブドミナント、Dはドミナントの略です。
　先生が3種類の響きの違いを聴かせてあげてください。これから勉強する曲の分析への第一歩となります。
　カデンツは和音を響かせる指づくりをするため、あえて左右同じにしました。
　和音の転回形は指づかいを徹底しましょう。

● 「指のミラクルドリル①～⑦」は次のように声掛けしてあげると、必ず弾けるようになります。
　　1. ゆっくり深呼吸。
　　2. 風船に軽く指を乗せるように。
　　3. 指の形は小さな風船を軽く持つように。

♫♪♫♪♫ スケールのじゅんび① ♫♪♫♪♫

グーパー体操

①親指を中に入れる　グー → パー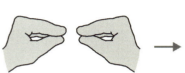

②パンパンと音がするように　グッ → パッ

※①、②それぞれ 30～50 回ずつ体操してみましょう！

ⅠとV₇の伴奏といっしょに

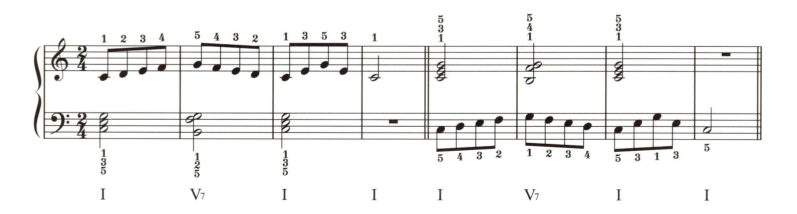

Ⅰ　V₇　Ⅰ　Ⅰ　Ⅰ　V₇　Ⅰ　Ⅰ

※はじまりの音を替えて弾いてみよう！

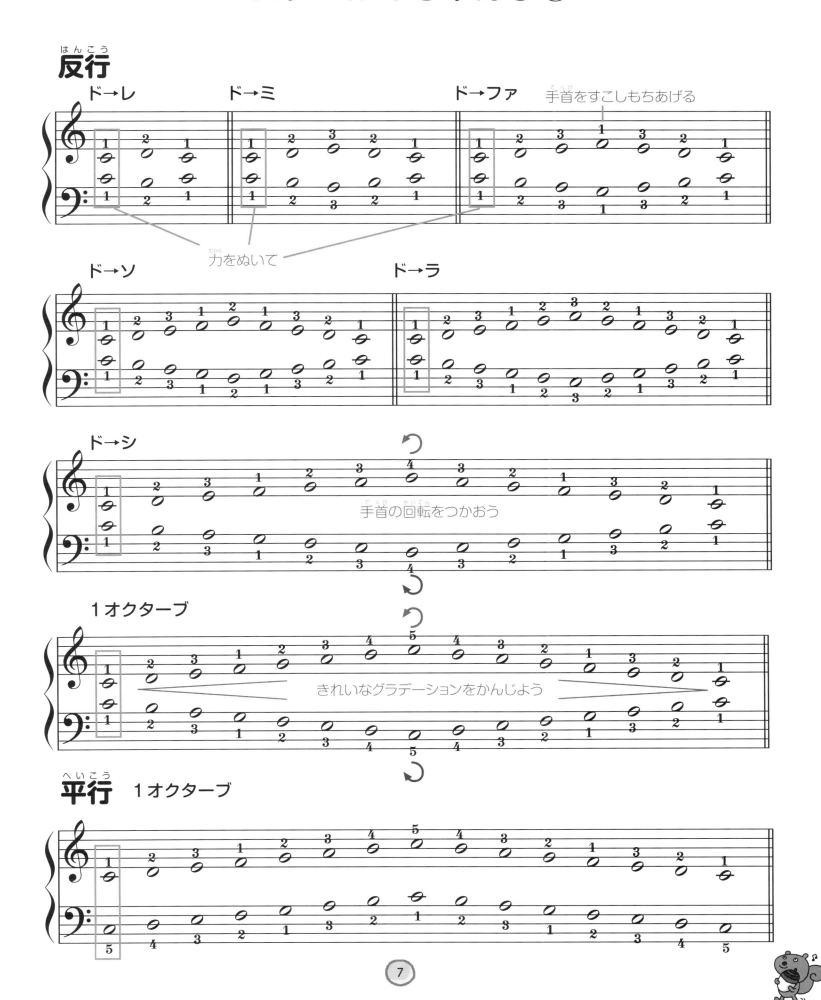

五度圏

長調		短調		調号の数
ハ長調 C dur / C major		イ短調 a moll / A minor		なし
ト長調 G dur / G major		ホ短調 e moll / E minor		♯1こ
ニ長調 D dur / D major		ロ短調 h moll / B minor		♯2こ
イ長調 A dur / A major		嬰ヘ短調 fis moll / F♯ minor		♯3こ
ホ長調 E dur / E major		嬰ハ短調 cis moll / C♯ minor		♯4こ
ロ長調 H dur / B major		嬰ト短調 gis moll / G♯ minor		♯5こ
変ト長調 Ges dur / G♭ major		変ホ短調 es moll / E♭ minor		♭6こ
変ニ長調 Des dur / D♭ major		変ロ短調 b moll / B♭ minor		♭5こ
変イ長調 As dur / A♭ major		ヘ短調 f moll / F minor		♭4こ
変ホ長調 Es dur / E♭ major		ハ短調 c moll / C minor		♭3こ
変ロ長調 B dur / B♭ major		ト短調 g moll / G minor		♭2こ
ヘ長調 F dur / F major		ニ短調 d moll / D minor		♭1こ

スケール指づかい表

P.12～27の**スケールノート**は、下の表のじゅんばんで、れんしゅうしましょう。

 **リス**グループ　　**10**こ

白いけんばんから、ひきはじめます。すべてハ長調と同じ指づかいです。
同主調（はじまりの音が同じ調：たとえばハ長調とハ短調）が、5つあります。

① ハ長調 C dur / C major	② ト長調 G dur / G major	③ ニ長調 D dur / D major	④ イ長調 A dur / A major
⑤ ホ長調 E dur / E major	⑥ イ短調 a moll / A minor	⑦ ホ短調 e moll / E minor	⑧ ニ短調 d moll / D minor
⑨ ト短調 g moll / G minor	⑩ ハ短調 c moll / C minor		

はじめた日	ぜんぶできた日
/	/

 **ウサギ**グループ　　**4**こ

白いけんばんから、ひきはじめます。同主調（はじまりの音が同じ調）が、2つです。
同主調ごとに同じ指づかいです。

⑪ ヘ長調 F dur / F major	⑫ ヘ短調 f moll / F minor	⑬ ロ長調 H dur / B major	⑭ ロ短調 h moll / B minor

はじめた日	ぜんぶできた日
/	/

パンダグループ　3こ

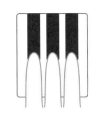

右手　2　3　4
左手　4　3　2

黒いけんばんから、ひきはじめます。

234の指で、黒い3つのけんばんをひきます。

❶ 変ニ長調 Des dur / D♭ major	❷ 変ト長調 Ges dur / G♭ major	❸ 変ホ短調 es moll / E♭ minor

はじめた日	ぜんぶできた日
/	/

キリングループ　4こ

黒いけんばんから、ひきはじめますが、**パンダ**や**ゾウ**とは、すこしちがいます。

❹ 変イ長調 As dur / A♭ major	❺ 変ホ長調 Es dur / E♭ major	❻ 変ロ長調 B dur / B♭ major	❼ 変ロ短調 b moll / B♭ minor

はじめた日	ぜんぶできた日
/	/

ゾウグループ　3こ

黒いけんばんから、ひきはじめます。

旋律的短音階のとき、のぼりとくだりで、指づかいがちがいます。

㉒ 嬰ヘ短調 fis moll / F♯ minor	㉓ 嬰ハ短調 cis moll / C♯ minor	㉔ 嬰ト短調 gis moll / G♯ minor

はじめた日	ぜんぶできた日
/	/

★★★ スケールノート ★★★
(1オクターブ)

リスグループ　10こ

すべてハ長調と同じ指づかいです。

どのくらいひけるようになったか、じぶんでさいてんして、☆をぬりましょう。

1 ハ長調　C dur / C major

まだまだ　ふつう　かんぺき
☆☆☆

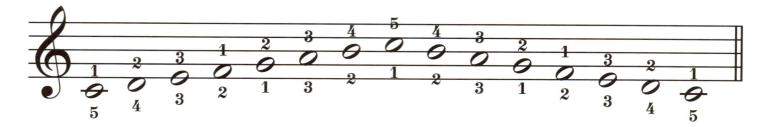

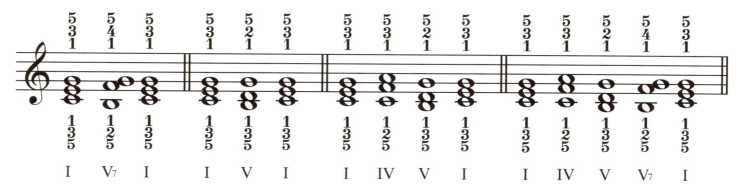

※ 4つのカデンツは、どれをひいてもいいです。

2 ト長調　G dur / G major

まだまだ　ふつう　かんぺき
☆☆☆

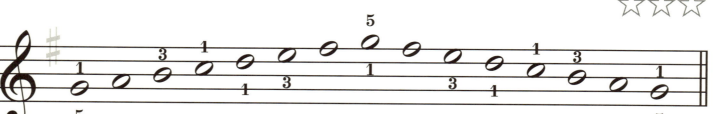

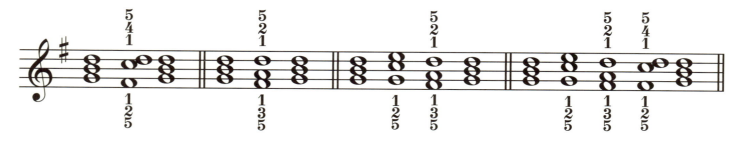

P.12～27は、じぶんで楽譜にかきこむ**スケールノート**です。
① 五度圏（P.8～9）を見て、全調号と主和音をむすびつけておきましょう。
② うすくかいてある調号や臨時記号をなぞりましょう。
③ はじめにかたてずつ、つぎにりょうてでれんしゅうしましょう。
④ スケールのあとには、すきなカデンツを、ひいてみましょう。
指づかいは1オクターブのときのものです。左手は1オクターブ下げてひきましょう。

3 ニ長調　D dur / D major

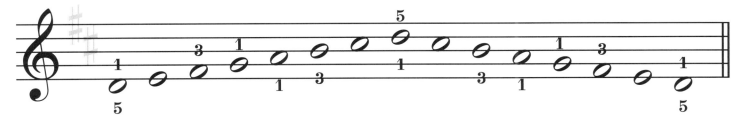

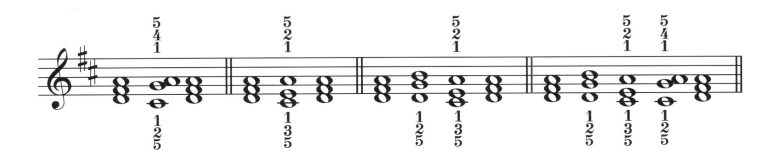

4 イ長調　A dur / A major

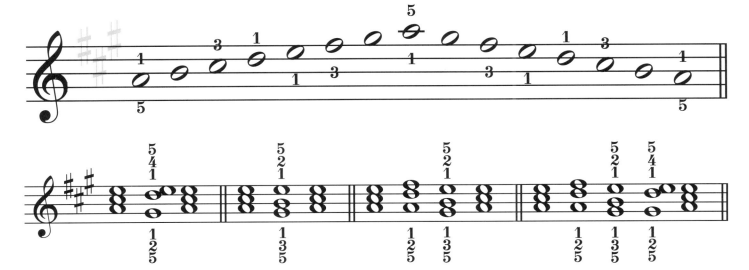

5 ホ長調 E dur / E major

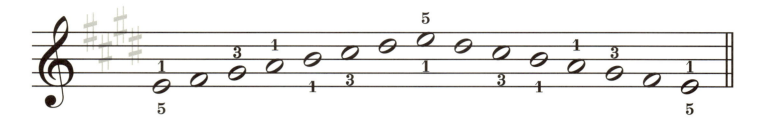
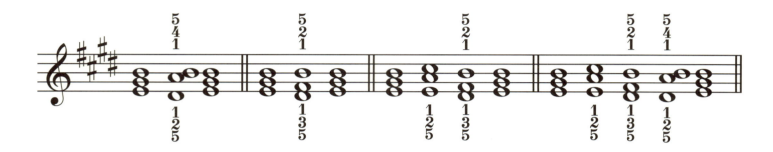

6 イ短調 a moll / A minor

和声的短音階

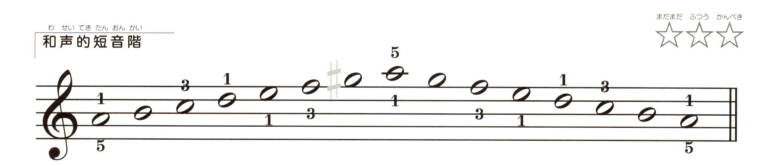

旋律的短音階

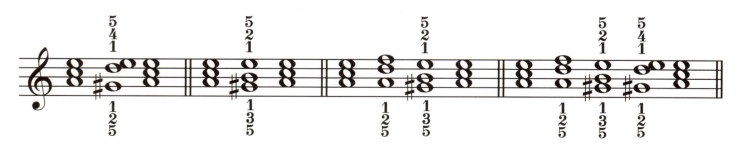

7 ホ短調 e moll / E minor

和声的短音階

旋律的短音階

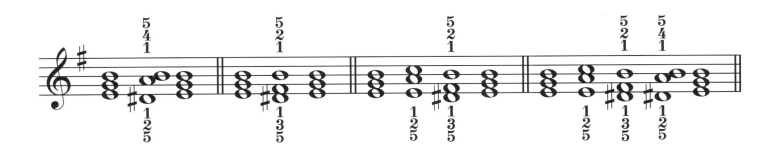

指のミラクルドリル①

すこしむずかしいけれど、うでの力をぬくとできるようになります。
とくに、のばす音は指をかるく、風船に手をのせているようなきもちで。

かたてずつ
ひきましょう！

8 ニ短調 d moll / D minor

和声的短音階 ☆☆☆

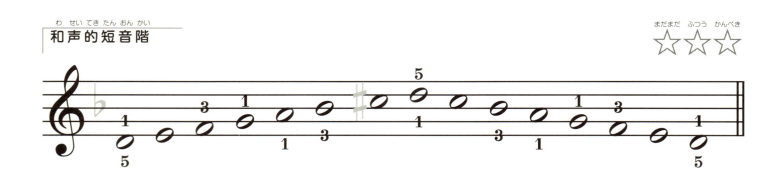

旋律的短音階 ☆☆☆

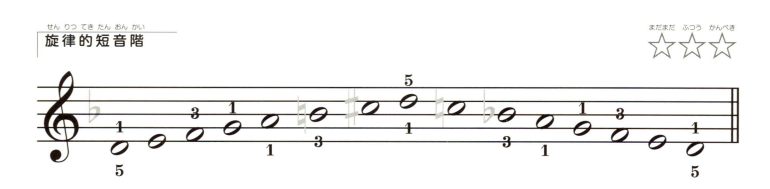

指のミラクルドリル②

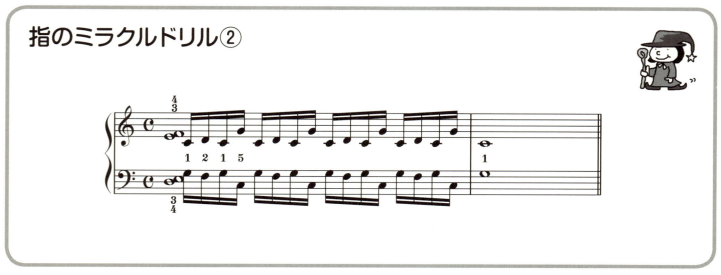

9 ト短調 ゲー・モール ジー・マイナー g moll / G minor

和声的短音階

旋律的短音階

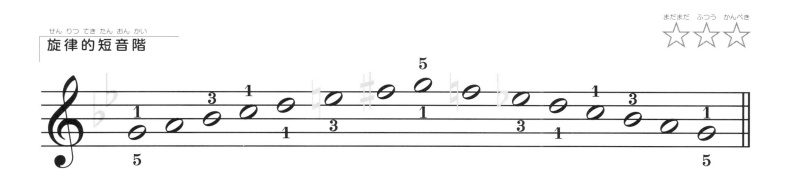

10 ハ短調 c moll / C minor

和声的短音階

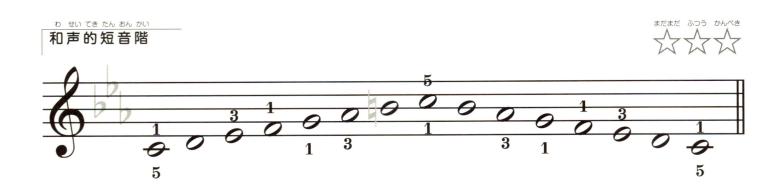

旋律的短音階

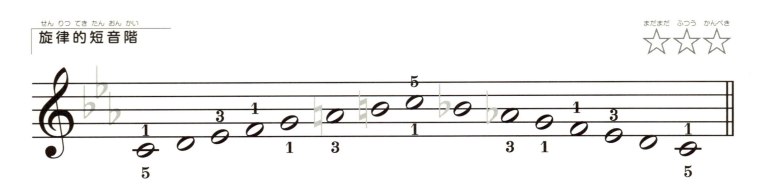

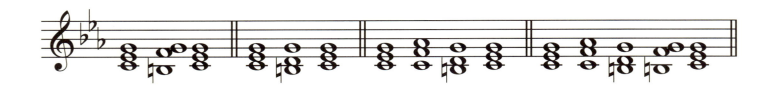

指のミラクルドリル③

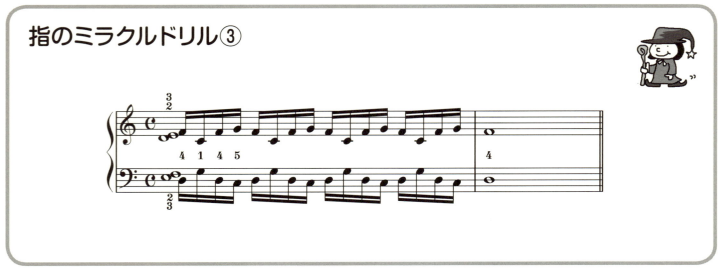

ウサギグループ　4こ

同主調が2つで、同主調ごとに同じ指づかいでひきましょう。

11 ヘ長調 F dur / F major

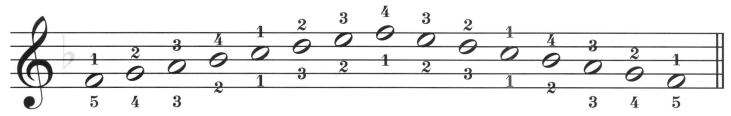

12 ヘ短調 f moll / F minor

和声的短音階

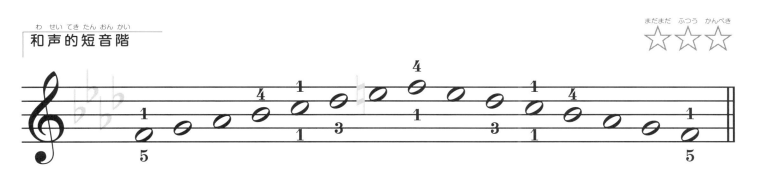

旋律的短音階

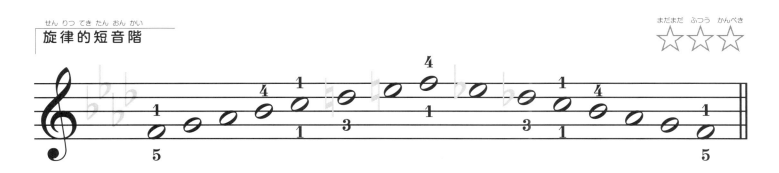

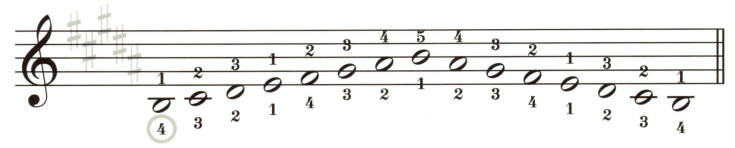
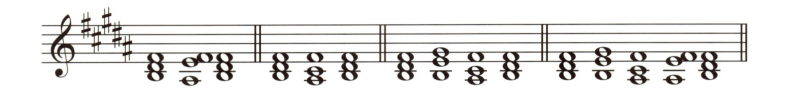
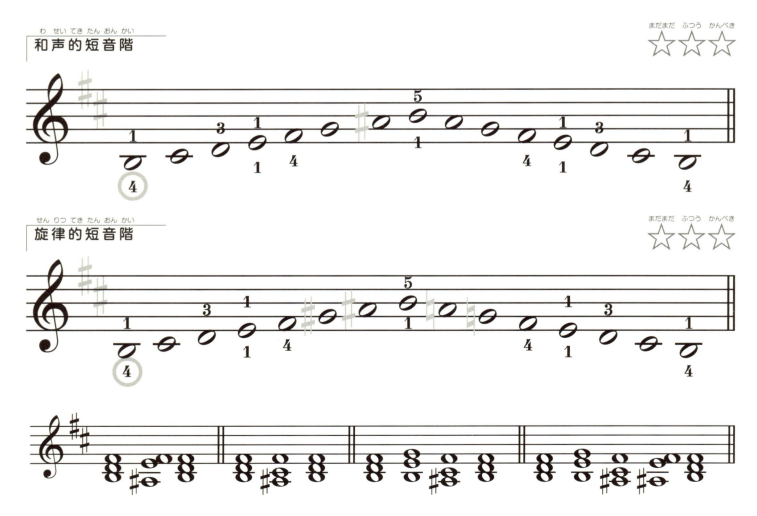

234 の指で、黒い3つのけんばんをひきます。

15 変二長調 Des dur / D♭ major　2オクターブ以上は P.54 も見ましょう。

☆☆☆ まだまだ ふつう かんぺき

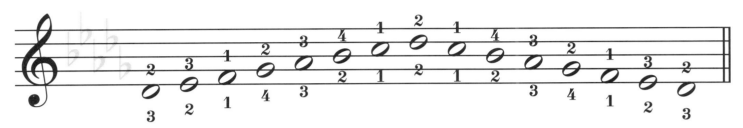

16 変ト長調 Ges dur / G♭ major　2オクターブ以上は P.52 も見ましょう。

☆☆☆ まだまだ ふつう かんぺき

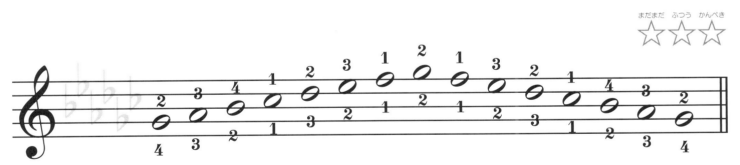

17 変ホ短調 es moll / E♭ minor 2オクターブ以上はP.53も見ましょう。

和声的短音階

旋律的短音階

 キリングループ　**4こ**

黒いけんばんから、はじまるけど、パンダやゾウとは、すこしちがいます。

18 変イ長調 As dur / A♭ major 2オクターブ以上はP.56も見ましょう。

19 変木長調 Es dur / E♭ major 2オクターブ以上はP.58も見ましょう。

まだまだ　ふつう　かんぺき
☆　☆　☆

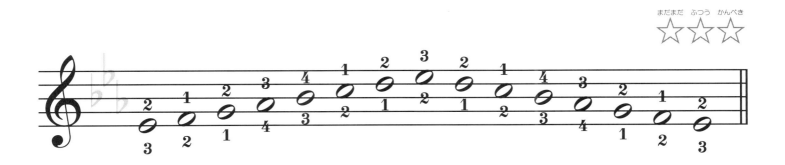

20 変ロ長調 B dur / B♭ major 2オクターブ以上はP.60も見ましょう。

まだまだ　ふつう　かんぺき
☆　☆　☆

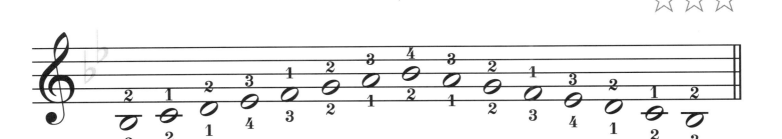

21 変口短調 b moll / B♭ minor ベー・モール　ビーフラット・マイナー　2オクターブ以上はP.55も見ましょう。

和声的短音階

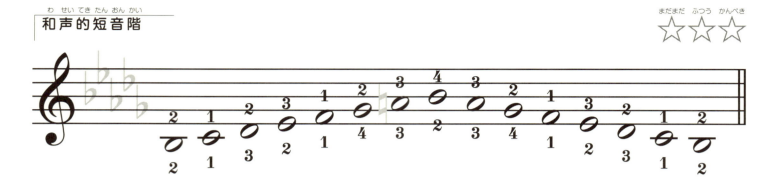

旋律的短音階

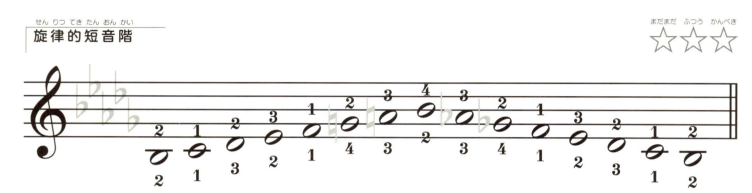

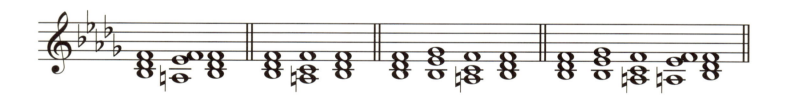

指のミラクルドリル④

ゾウグループ　3こ

旋律的短音階のとき、のぼりとくだりで、指づかいがちがいます。

22 嬰ヘ短調 fis moll / F♯ minor　2オクターブ以上はP.47も見ましょう。

和声的短音階　　　　　　　　　　　　　　　　　　　　　まだまだ　ふつう　かんぺき　☆☆☆

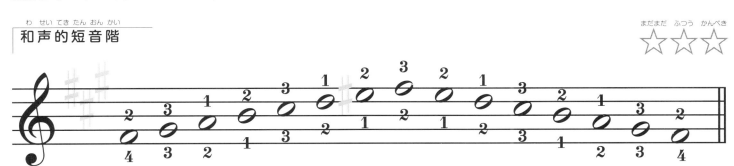

旋律的短音階　　　　　　　　　　　　　　　　　　　　　まだまだ　ふつう　かんぺき　☆☆☆

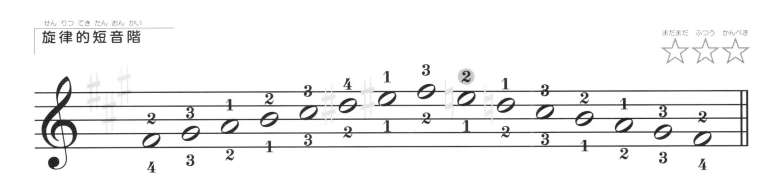

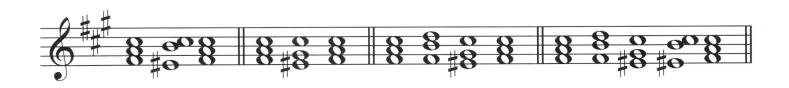

指のミラクルドリル⑤

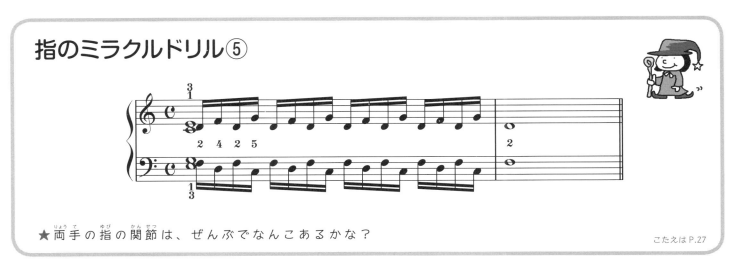

★ 両手の指の関節は、ぜんぶでなんこあるかな？

こたえはP.27

23 嬰ハ短調 cis moll / C♯ minor 2オクターブ以上は P.49 も見ましょう。

和声的短音階

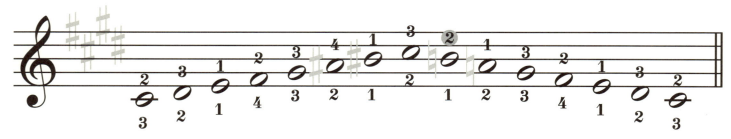

旋律的短音階

24 嬰ト短調 gis moll / G♯ minor　2オクターブ以上はP.51も見ましょう。

和声的短音階

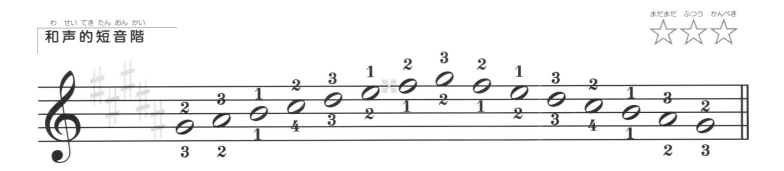

旋律的短音階

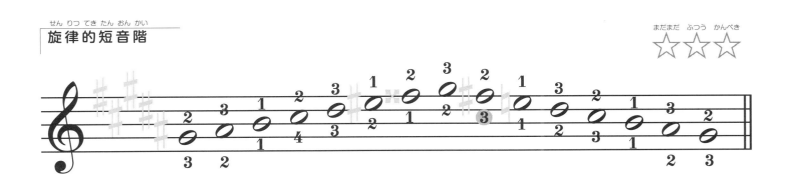

指のミラクルドリル⑥

どうやってひいたらいいかな？

☆うまくひけるヒント　★うでの力をゼロにする　★両手の指の関節28こをぜんぶ出す（右14こ、左14こ）

アルペジオ指づかい表

P.30〜35の**アルペジオノート**は、下の表のじゅんばんで、れんしゅうしましょう。

イチゴグループ　11こ

 左 5 4 2 1 右 1 2 3 5

❶ ハ長調 C dur / C major	❷ イ短調 a moll / A minor	❸ ト長調 G dur / G major	❹ ホ短調 e moll / E minor
❺ ヘ長調 F dur / F major	❻ ニ短調 d moll / D minor	❼ ロ短調 h moll / B minor	❽ ト短調 g moll / G minor
❾ ハ短調 c moll / C minor	❿ ヘ短調 f moll / F minor	⓫ 変ホ短調 es moll / E♭ minor	

はじめた日	ぜんぶできた日
/	/

ブドウグループ　5こ

 左 5 3 2 1  右 1 2 3 5

⓬ ニ長調 D dur / D major	⓭ イ長調 A dur / A major	⓮ ホ長調 E dur / E major	⓯ ロ長調 H dur / B major
⓰ 変ト長調 Ges dur / G♭ major			

はじめた日	ぜんぶできた日
/	/

リンゴグループ 6こ

⑰ 変ニ長調 Des dur / D♭ major
⑱ 変イ長調 As dur / A♭ major
⑲ 変ホ長調 Es dur / E♭ major
⑳ 嬰ヘ短調 fis moll / F♯ minor
㉑ 嬰ハ短調 cis moll / C♯ minor
㉒ 嬰ト短調 gis moll / G♯ minor

はじめた日	ぜんぶできた日
/	/

サクランボグループ 2こ

㉓ 変ロ長調 B dur / B♭ major

はじめた日	ぜんぶできた日
/	/

㉔ 変ロ短調 b moll / B♭ minor

㉓

㉔

♪♫♪♫ アルペジオのじゅんび ①

ひじではなく、手首をまわすよ！

1でおりて5であがる。
手首の回転をつかおう。

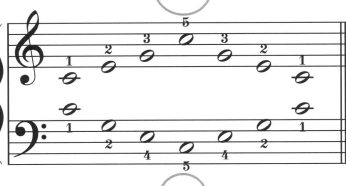
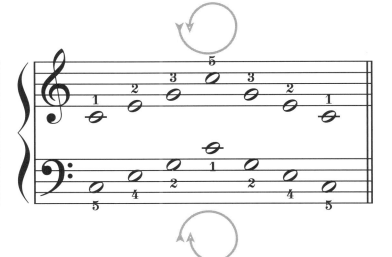

★☆★ アルペジオノート ★☆★
（1オクターブ）

はじめにかたてずつ、つぎにりょうてで、れんしゅうしましょう。

指（ゆび）づかいは1オクターブのときのものです。左手（ひだりて）は1オクターブ下（さ）げてひきましょう。

 イチゴグループ 11こ　左 5 4 2 1　右 1 2 3 5

> どのくらいひけるようになったか、じぶんでさいてんして、☆をぬりましょう。

1 ハ長調（ちょうちょう）
ツェー・ドゥア　シー・メジャー
C dur / C major

まだまだ　ふつう　かんぺき
☆☆☆

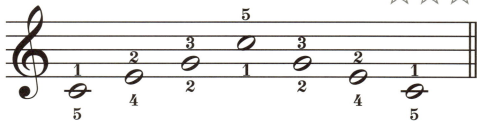

2 イ短調（たんちょう）
アー・モール　エー・マイナー
a moll / A minor

まだまだ　ふつう　かんぺき
☆☆☆

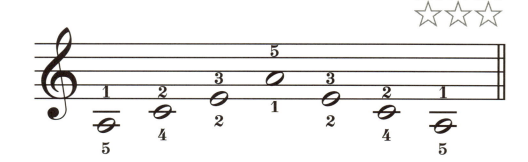

3 ト長調（ちょうちょう）
ゲー・ドゥア　ジー・メジャー
G dur / G major

まだまだ　ふつう　かんぺき
☆☆☆

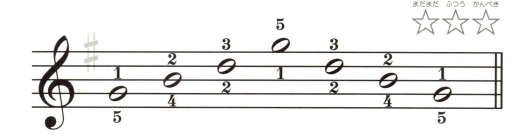

4 ホ短調（たんちょう）
エー・モール　イー・マイナー
e moll / E minor

まだまだ　ふつう　かんぺき
☆☆☆

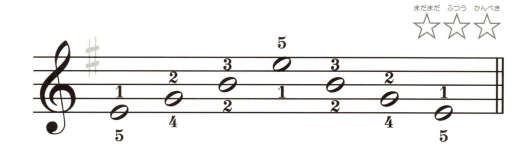

5 ヘ長調
F dur / F major
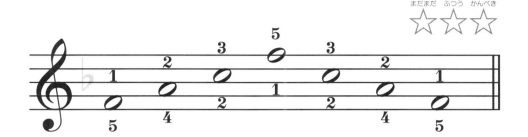

6 ニ短調
d moll / D minor
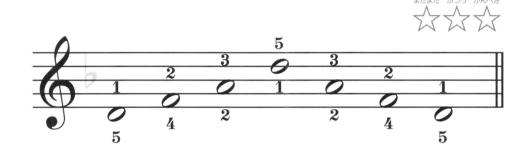

7 ロ短調
h moll / B minor
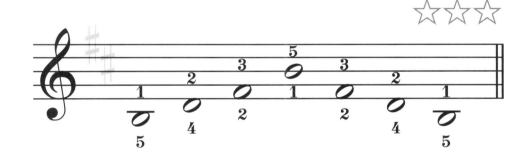

8 ト短調
g moll / G minor
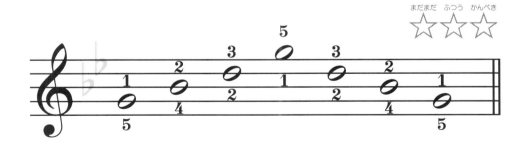

9 ハ短調
c moll / C minor
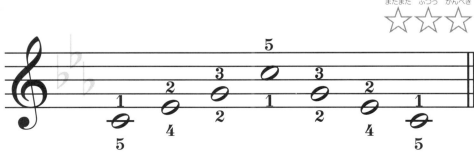

10 ヘ短調
エフ・モール　エフ・マイナー
f moll / F minor

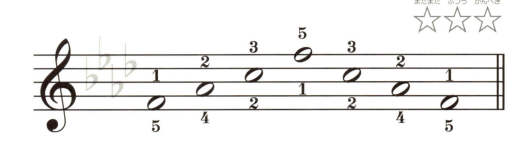

11 変ホ短調
エス・モール　イーフラット・マイナー
es moll / E♭ minor

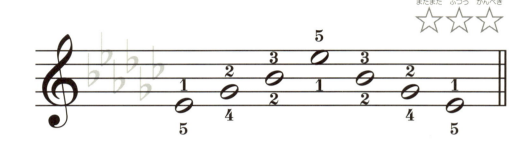

 **ブドウグループ** 　**5こ**　

12 ニ長調
デー・ドゥア　ディー・メジャー
D dur / D major

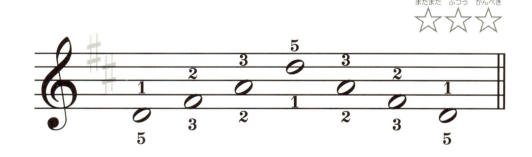

13 イ長調
アー・ドゥア　エー・メジャー
A dur / A major

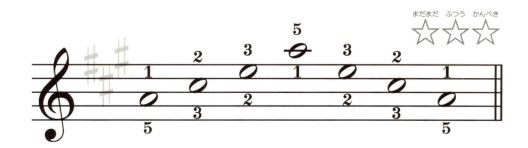

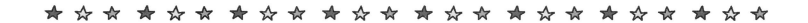

14 ホ長調
エー・ドゥア　イー・メジャー
E dur / E major

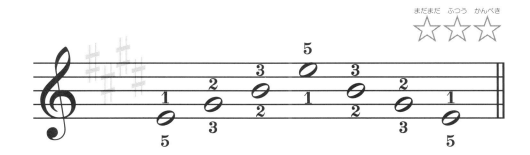

15 ロ長調
ハー・ドゥア　ビー・メジャー
H dur / B major

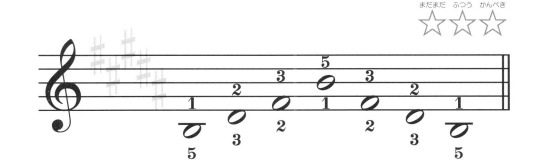

16 変ト長調
ゲス・ドゥア　ジーフラット・メジャー
Ges dur / G♭ major

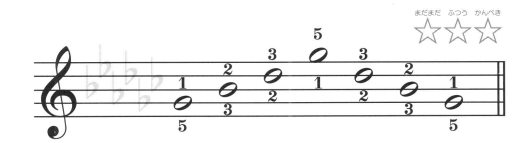

指のミラクルドリル⑦

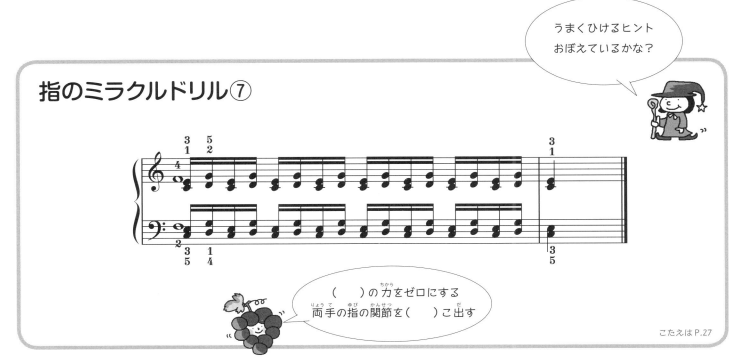

うまくひけるヒント
おぼえているかな?

（　　）の力をゼロにする
両手の指の関節を（　　）こ出す

こたえは P.27

 リンゴグループ 6こ

17 変ニ長調
デス・ドゥア　ディーフラット・メジャー
Des dur / D♭ major
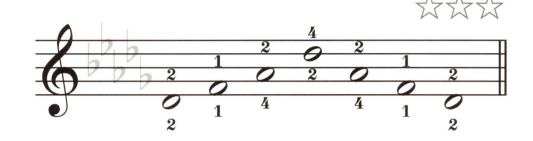

18 変イ長調
アス・ドゥア　エーフラット・メジャー
As dur / A♭ major
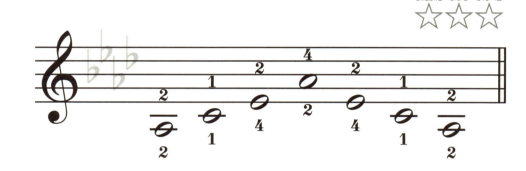

19 変ホ長調
エス・ドゥア　イーフラット・メジャー
Es dur / E♭ major
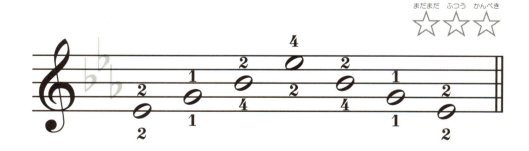

20 嬰ヘ短調
フィス・モール　エフシャープ・マイナー
fis moll / F♯ minor
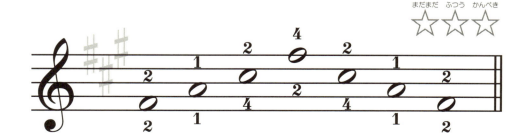

21 嬰ハ短調
cis moll / C♯ minor

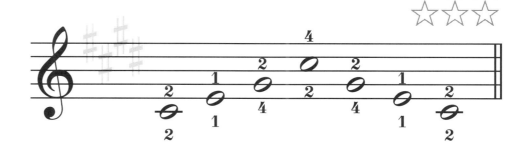

22 嬰ト短調
gis moll / G♯ minor

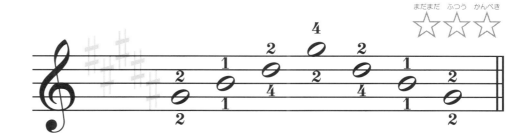

サクランボグループ 2こ　特別な指づかい

23 変ロ長調
B dur / B♭ major

左 3 2 1 3　右 2 1 2 4

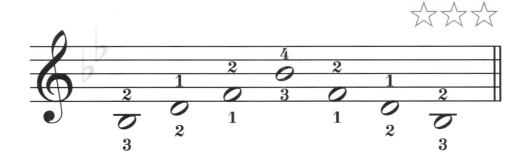

24 変ロ短調
b moll / B♭ minor

左 3 2 1 3　右 2 3 1 2

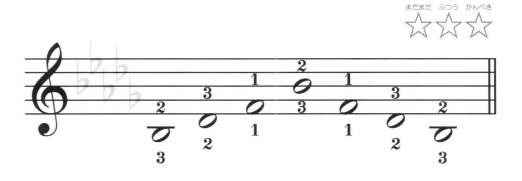

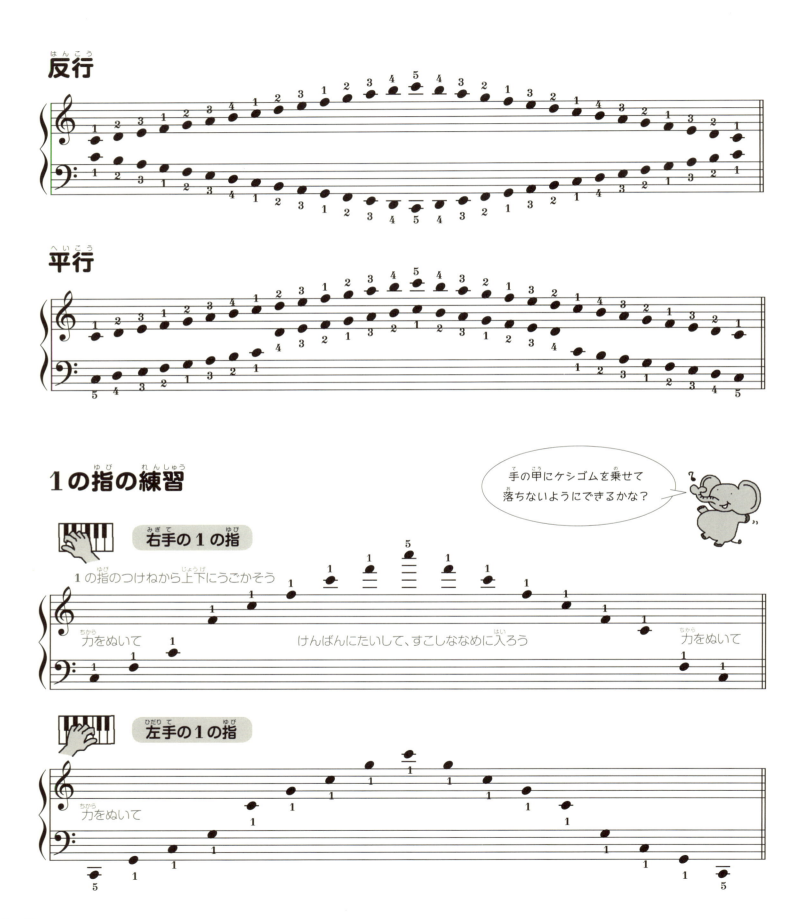

アルペジオのじゅんび②

① **アクセント 2つずつ**

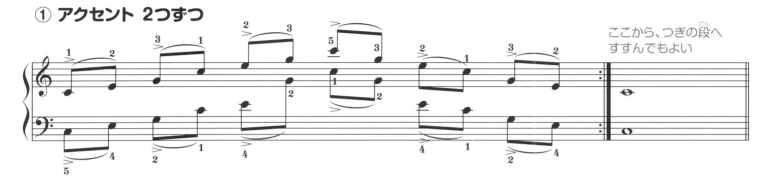

ここから、つぎの段へすすんでもよい

② **アクセント 3つずつ**

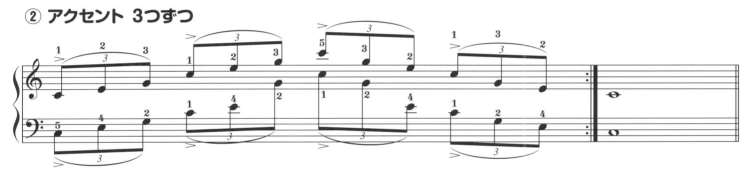

③ **アクセント 4つずつ**

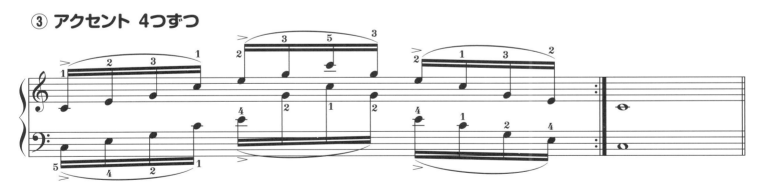

④ **強弱をつける** (きれいなグラデーションをかんじよう)

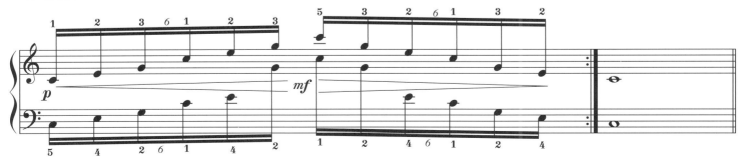

①から④までつづけて、れんしゅうしてもよい

★☆★ スケール・カデンツ・アルペジオ ★☆★
（2オクターブ）

ハ長調 | C dur / C major
ちょうちょう | ツェー・ドゥア　シー・メジャー

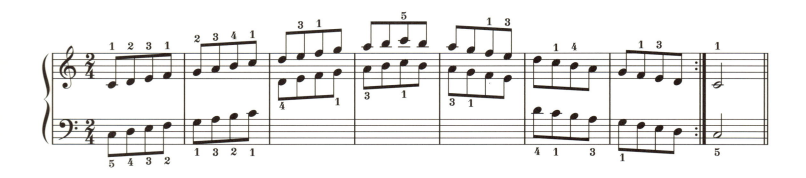

カデンツ

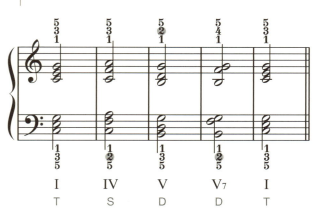

I　IV　V　V₇　I
T　S　D　D　T

バランス練習の仕方
じゅんばんに、ひとつの音をひびかせてみよう！
ペダルは、ずっとふみつづけてみてね。

① いちばん上の音
② 上から2ばんめの音
③ 上から3ばんめの音
④ 上から4ばんめの音
⑤ 上から5ばんめの音
⑥ いちばん下の音

アルベルティ（左）

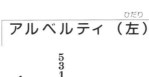
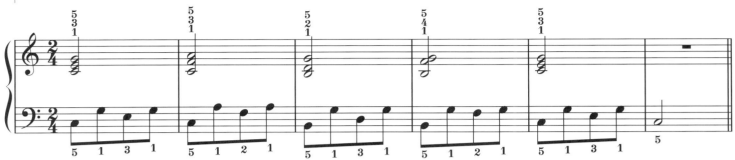

アルベルティ（右）

和音の転回形、ヴァリエーション

バランス練習

いちばん上の音からじゅんばんにひびかせよう
左ページのじゅんばんで、れんしゅうしよう！

アルペジオ

イ短調 | a moll / A minor

和声的短音階

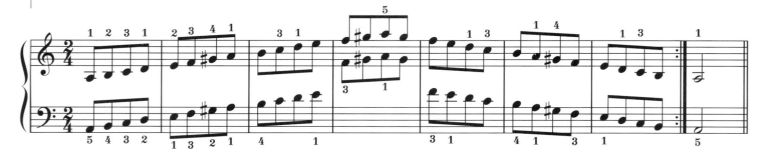

旋律的短音階

カデンツ

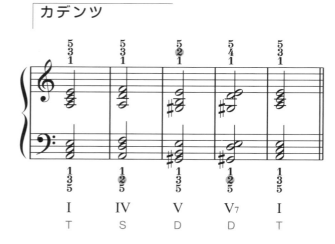

| I | IV | V | V7 | I |
| T | S | D | D | T |

アルベルティ（左）

アルベルティ（右）

和音の転回形、ヴァリエーション

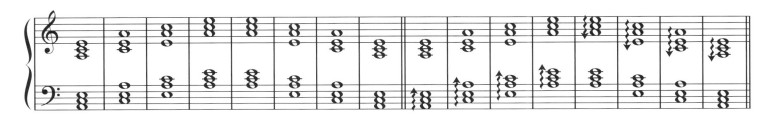

バランス練習

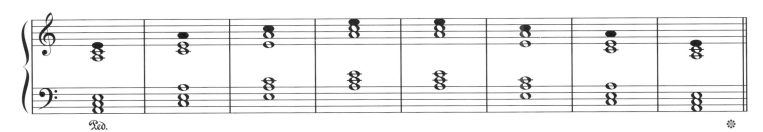

アルペジオ

ト長調 | G dur / G major

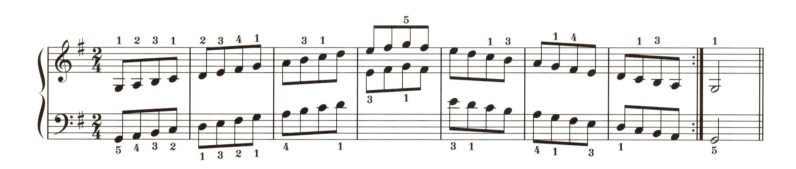

カデンツ 和音の転回形

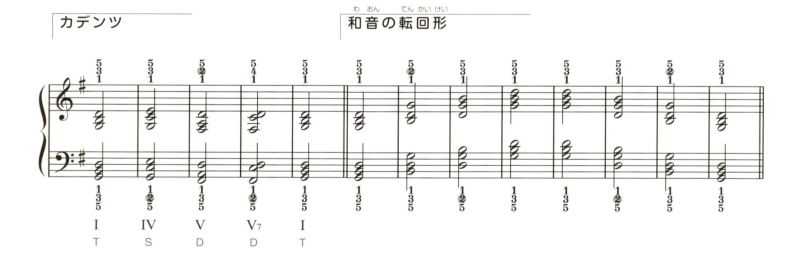

I IV V V7 I
T S D D T

アルペジオ

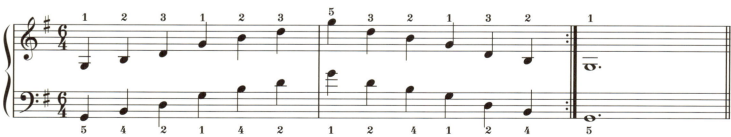

ホ短調 | e moll / E minor

和声的短音階

旋律的短音階

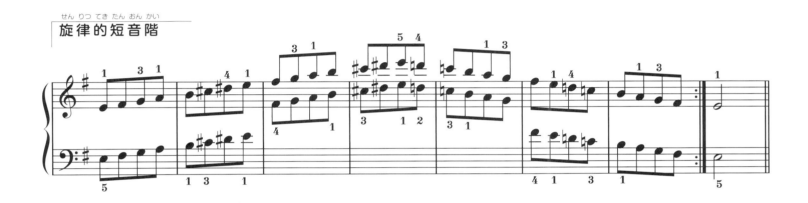

カデンツ　　　和音の転回形

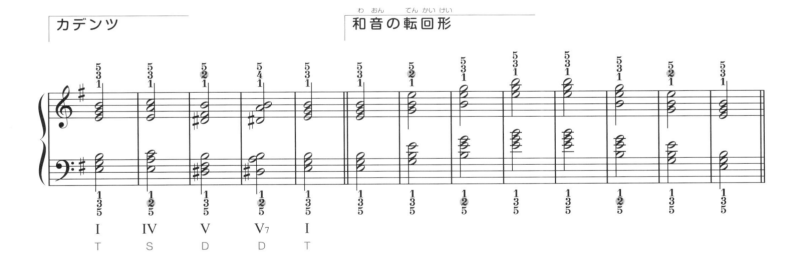

I　IV　V　V₇　I
T　S　D　D　T

アルペジオ

二長調 | D dur / D major

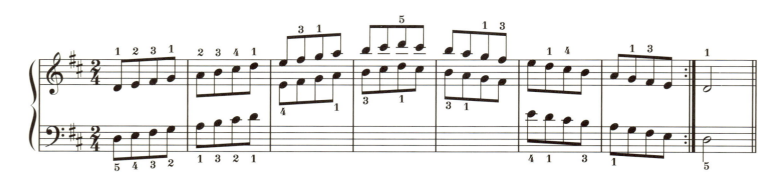

カデンツ 和音の転回形

I IV V V7 I
T S D D T

アルペジオ

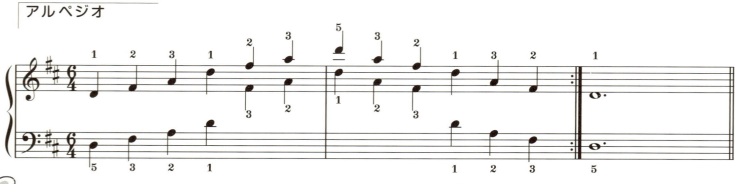

ロ短調 | h moll / B minor

和声的短音階

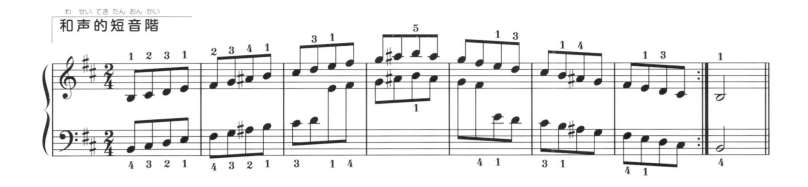

旋律的短音階

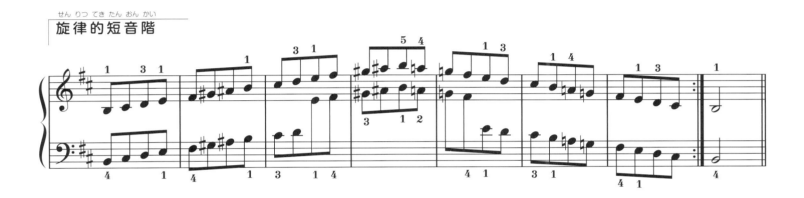

カデンツ　　　　　　　　　　　　　**和音の転回形**

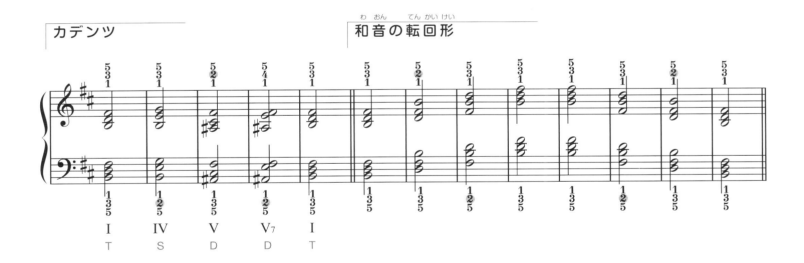

I　IV　V　V₇　I
T　S　D　D　T

アルペジオ

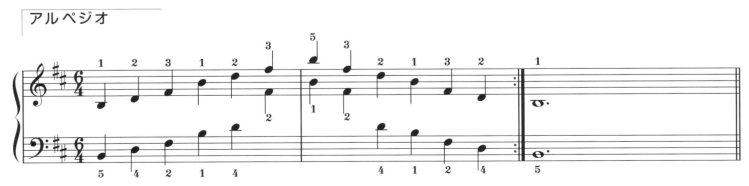

イ長調 A dur / A major

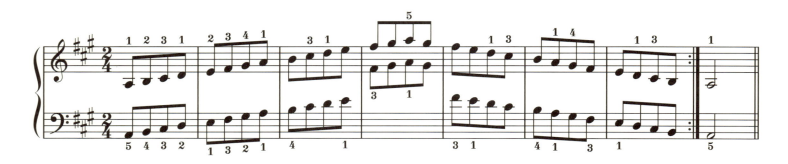

カデンツ 　　　和音の転回形

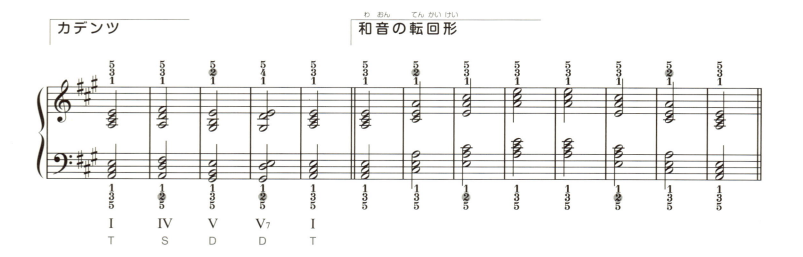

I　IV　V　V₇　I
T　S　D　D　T

アルペジオ

嬰ヘ短調 fis moll / F♯ minor

和声的短音階

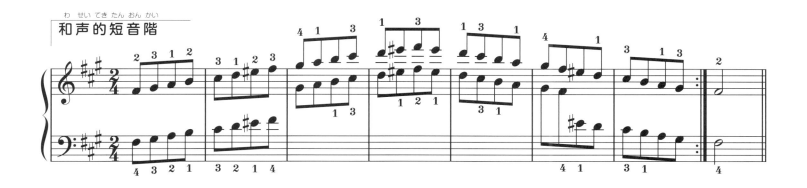

旋律的短音階

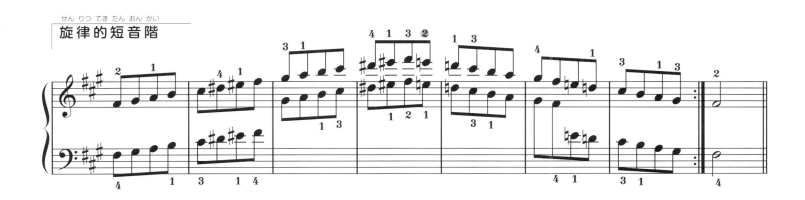

カデンツ **和音の転回形**

I IV V V₇ I
T S D D T

アルペジオ

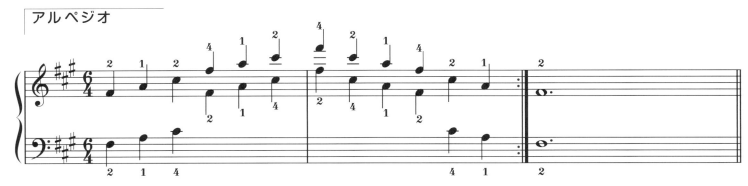

木長調 | E dur / E major

カデンツ

和音の転回形

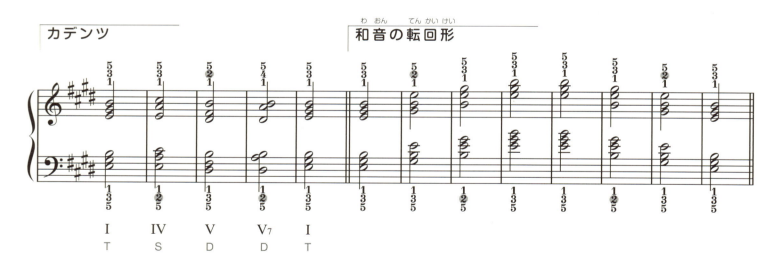

I IV V V₇ I
T S D D   T

アルペジオ

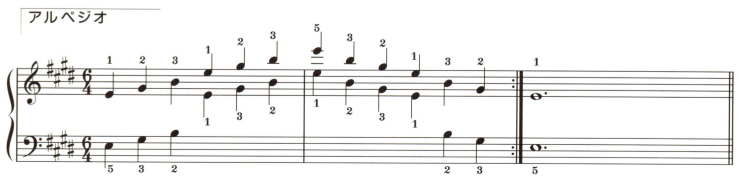

嬰ハ短調 | cis moll / C♯ minor

和声的短音階

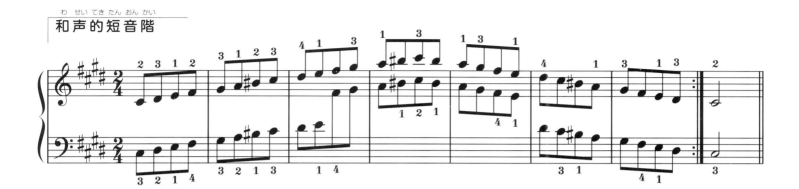

旋律的短音階

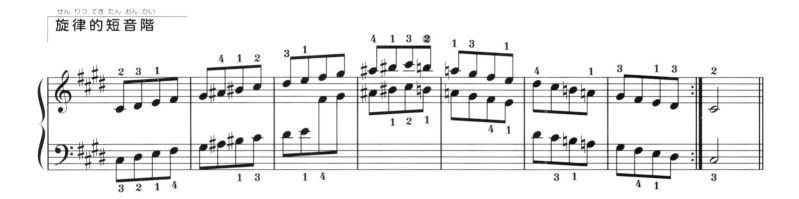

カデンツ　　　　　　　　　　　**和音の転回形**

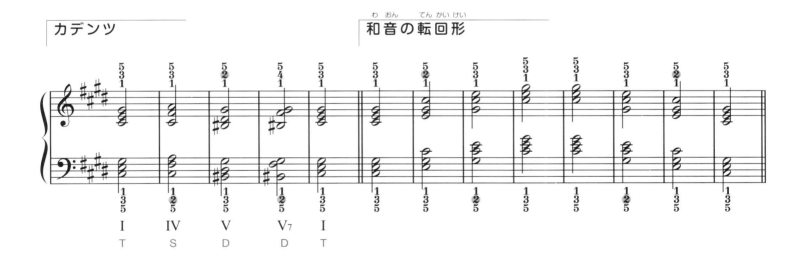

I　IV　V　V₇　I
T　S　D　D　T

アルペジオ

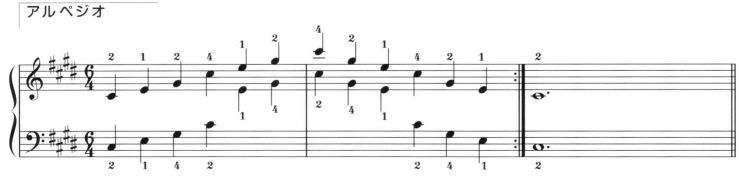

ロ長調 H dur / B major

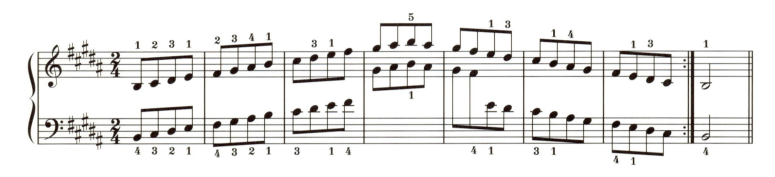

カデンツ　　　**和音の転回形**

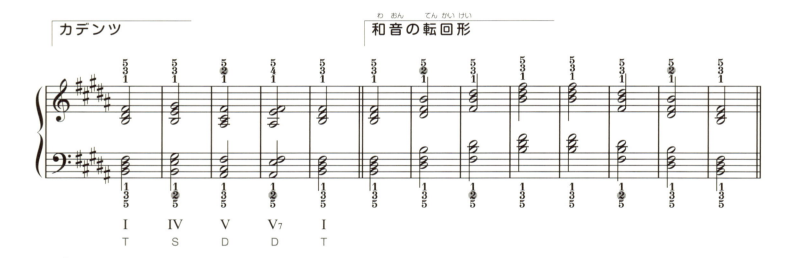

I　IV　V　V7　I
T　S　D　D　T

アルペジオ

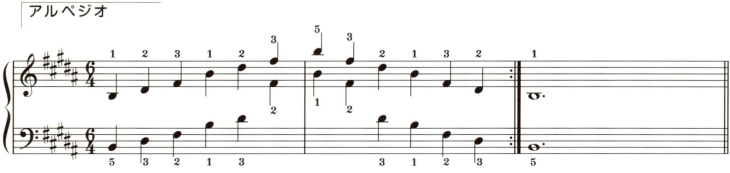

嬰ト短調 | gis moll / G♯ minor

和声的短音階

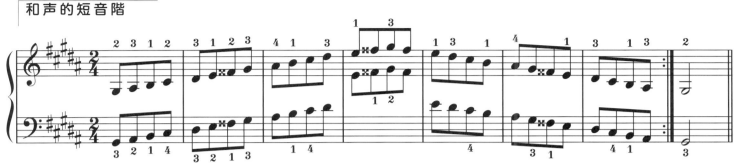

旋律的短音階

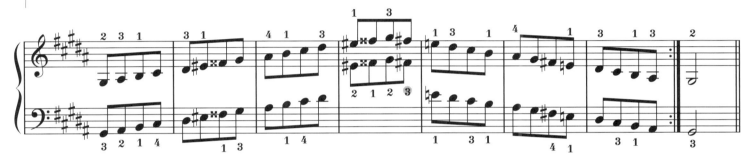

カデンツ　　和音の転回形

I　IV　V　V₇　I
T　S　D　D　T

アルペジオ

変ト長調 | Ges dur / G♭ major

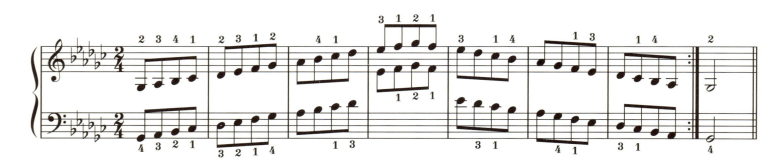

カデンツ　　　　　　　　和音の転回形

I　IV　V　V₇　I
T　S　D　D　T

アルペジオ

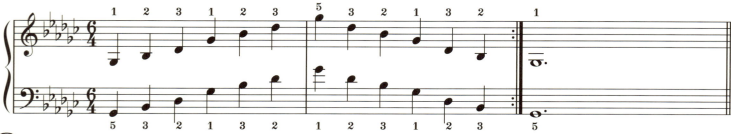

変木短調 es moll / E♭ minor

和声的短音階

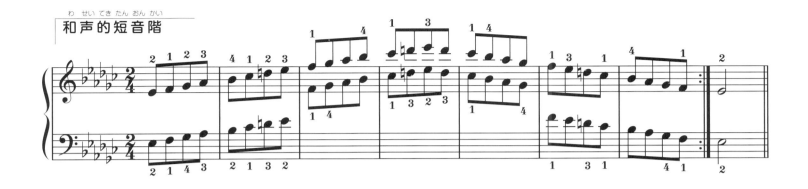

旋律的短音階

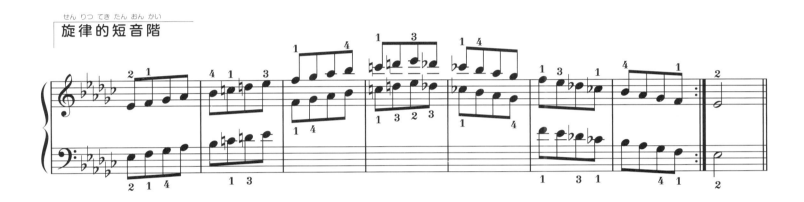

カデンツ **和音の転回形**

I IV V V₇ I
T S D D T

アルペジオ

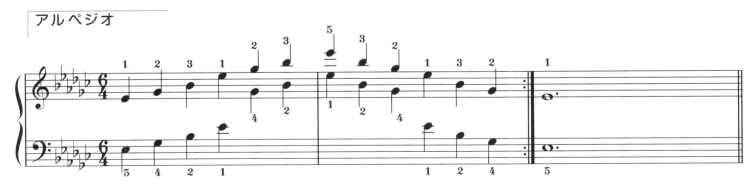

変二長調 | Des dur / D♭ major

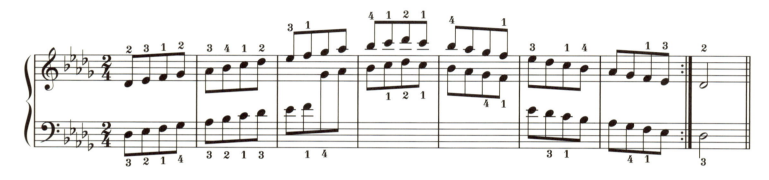

カデンツ　　　　　　　　　和音の転回形

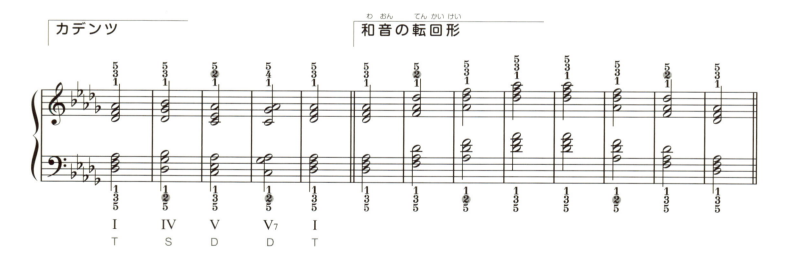

I　IV　V　V₇　I
T　S　D　D　T

アルペジオ

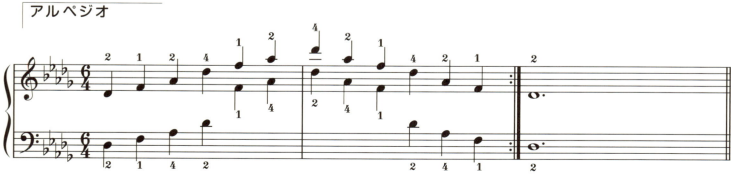

変口短調 b moll / B♭ minor

和声的短音階
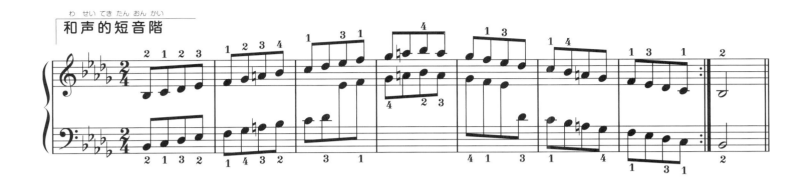

旋律的短音階
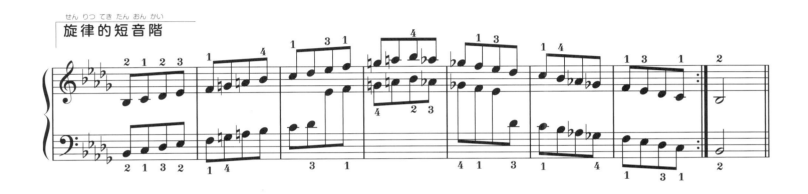

カデンツ / 和音の転回形
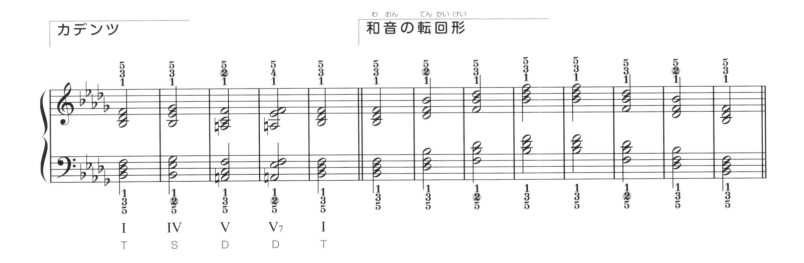

I IV V V₇ I
T S D D T

アルペジオ
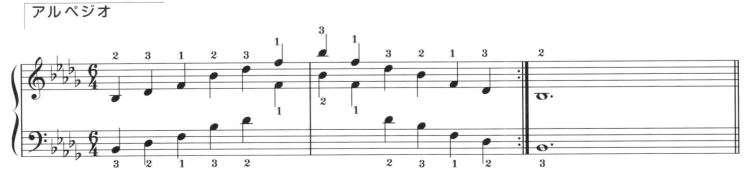

変イ長調 | As dur / A♭ major

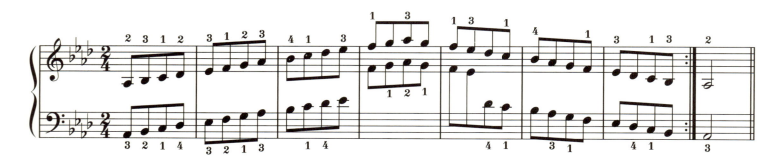

カデンツ　　　　　　　　　和音の転回形

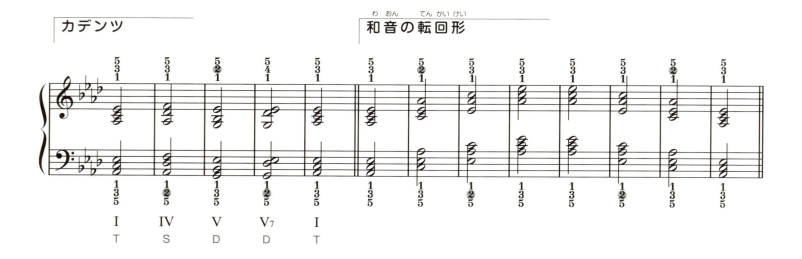

I IV V V₇ I
T S D D   T

アルペジオ

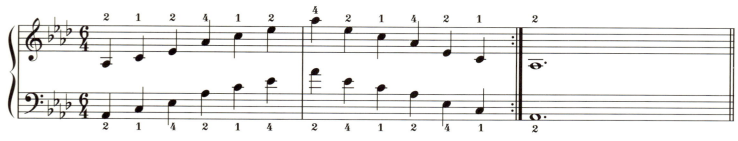

へ短調 f moll / F minor

和声的短音階
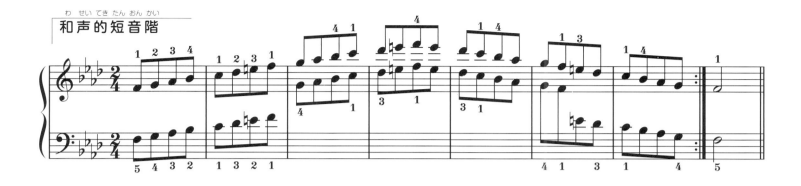

旋律的短音階
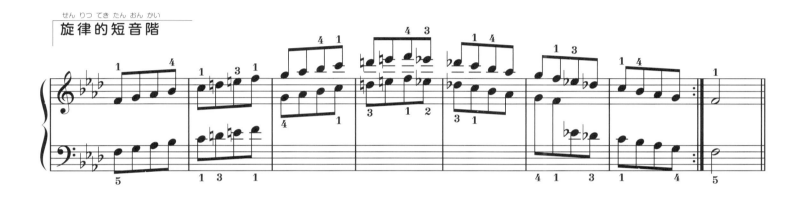

カデンツ / 和音の転回形

I IV V V₇ I
T S D D T

アルペジオ
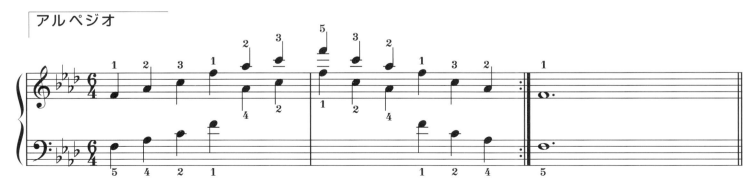

変木長調 | Es dur / E♭ major

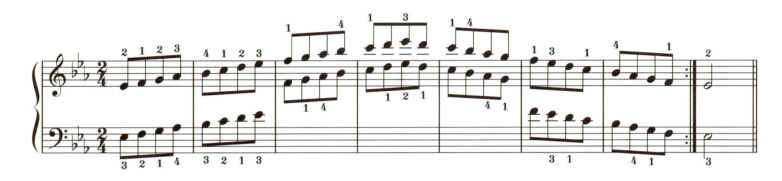

カデンツ　　　　　　　　　　　　　　　和音の転回形

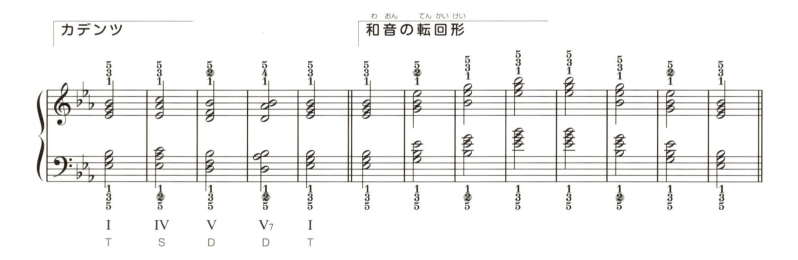

I IV V V₇ I
T S D D T

アルペジオ

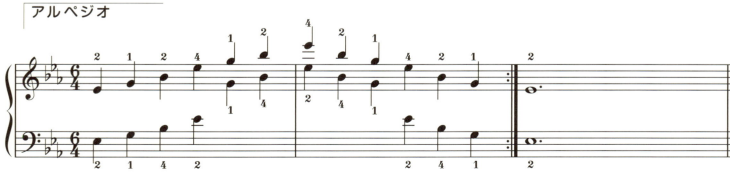

ハ短調　c moll / C minor

和声的短音階
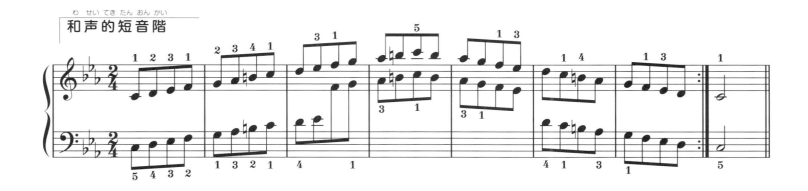

旋律的短音階
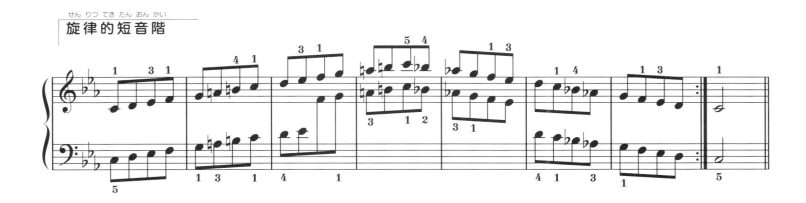

カデンツ　　　　　和音の転回形
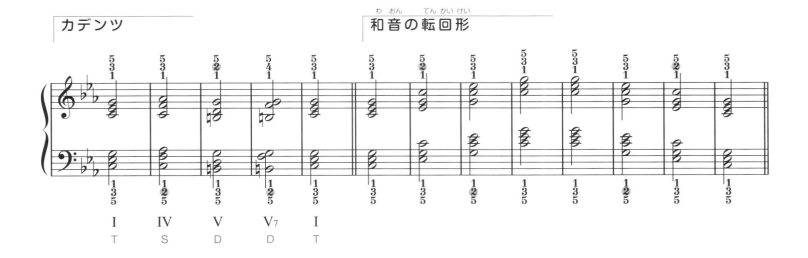

I　IV　V　V₇　I
T　S　D　D　T

アルペジオ
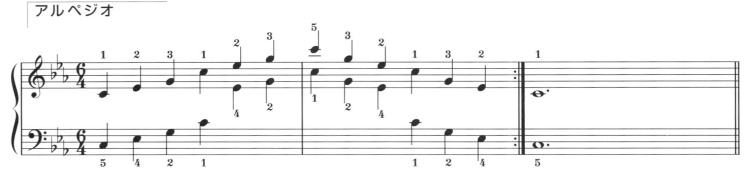

変口長調 | B dur / B♭ major

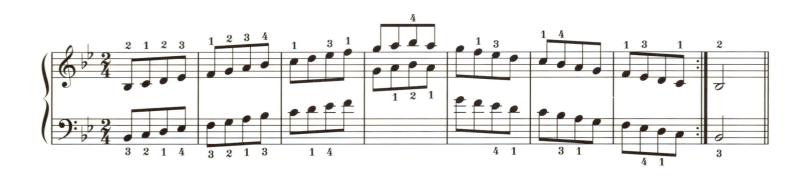

カデンツ　　　　　　　　和音の転回形

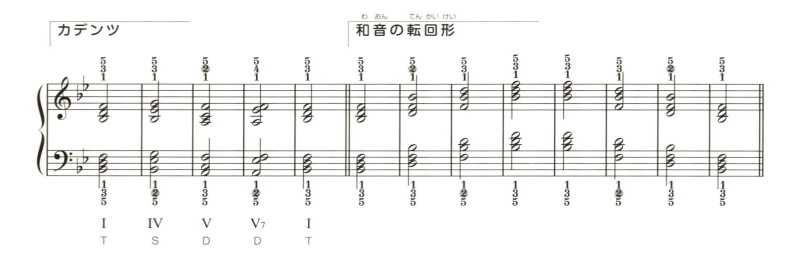

I　IV　V　V7　I
T　S　D　D　T

アルペジオ

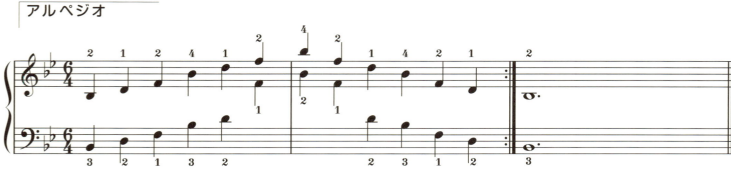

ト短調 | g moll / G minor

和声的短音階
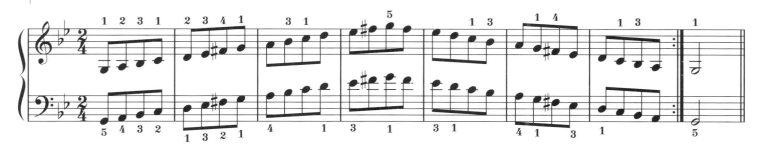

旋律的短音階
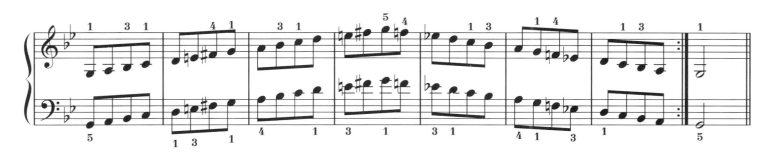

カデンツ / 和音の転回形
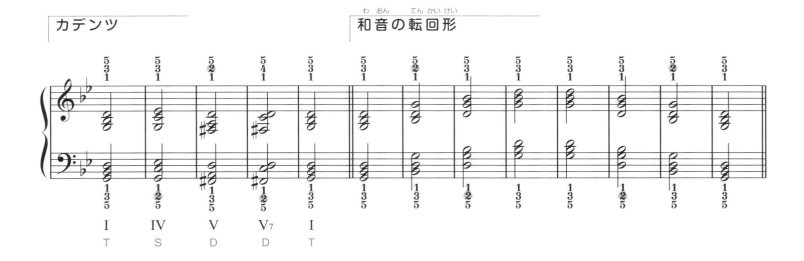

I　IV　V　V₇　I
T　S　D　D　T

アルペジオ
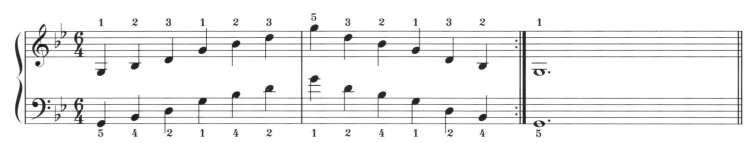

へ長調 | F dur / F major

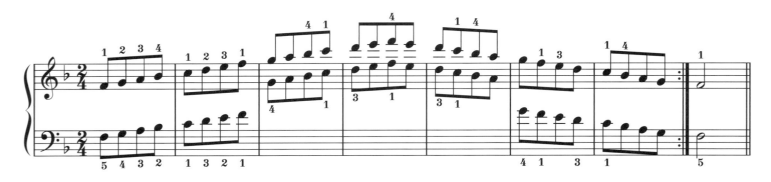

カデンツ

和音の転回形

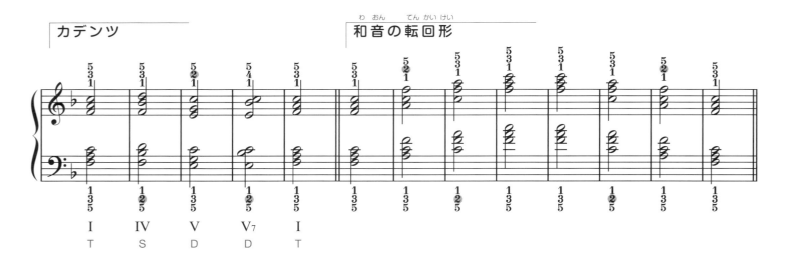

I IV V V₇ I
T S   D D   T

アルペジオ

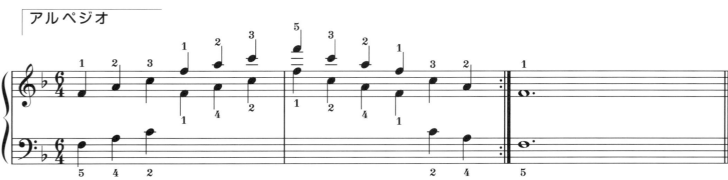

ニ短調 | d moll / D minor

和声的短音階

旋律的短音階

カデンツ　　　和音の転回形
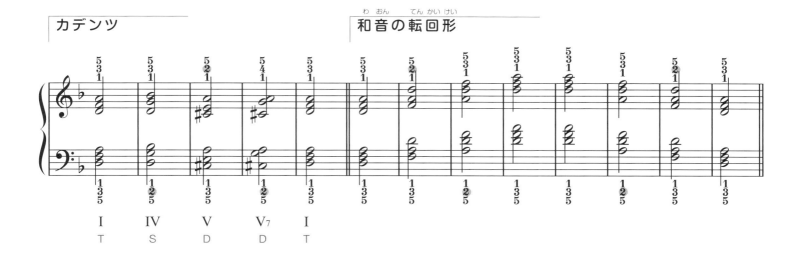

I　IV　V　V7　I
T　S　D　D　T

アルペジオ
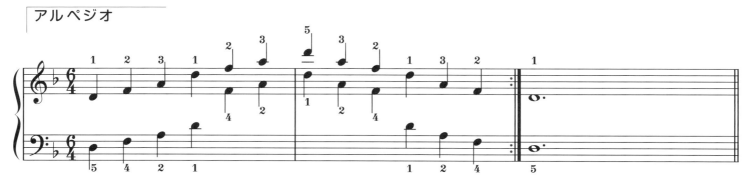

根津栄子（ねづ えいこ）

武蔵野音楽大学卒業。元千葉県立高等学校音楽専任教諭。全国各地でアイデアに満ちた独自の指導法講座を展開中。また、各音楽雑誌への執筆でも活躍中。小さなピアニストのための必須アイテムであるフィットペダル＆ボードを考案。

一般社団法人全日本ピアノ指導者協会（ピティナ）特別指導者賞、優秀指導者賞、カワイ音楽コンクール最優秀指導者賞、ショパン国際コンクール in アジア指導者賞、ちば音楽コンクール優秀指導者賞を受賞。

現在、一般社団法人全日本ピアノ指導者協会正会員、指導者検定委員、市川フレンド・ステーション代表、ちば市川バスティン研究会代表、コンサートサロン・レゾナンス オーナー。ピティナ・ピアノコンペティション全国決勝大会審査員、ショパン国際コンクール in アジア大会審査員。

著書『チェルニー 30 番　30 の小さな物語』上下巻／東音企画

共著『生徒を伸ばす！ ピアノレッスン大研究』／ヤマハミュージックメディア

ホームページ　http://www.nezu.ms

イラスト◎スダナオミ

NEW こどものスケール・アルペジオ

2019 年 10 月 5 日　第 1 刷発行	著者　根津栄子
2025 年 4 月 30 日　第 11 刷発行	発行者　時枝　正

発行所　東京都新宿区神楽坂 6 の 30
株式会社 音楽之友社
電話 03（3235）2111（代）郵便番号 162-8716
振替 00170-4-196250
https://www.ongakunotomo.co.jp/

451350

© 2019 by ONGAKU NO TOMO SHA CORP., Tokyo Japan.
落丁本・乱丁本はお取替いたします。
Printed in Japan.

楽譜浄書：中野隆介
装　丁：吉原順一
組　版：佐藤朝洋
印　刷：㈱平河工業社
製　本：㈱誠幸堂

本書の全部または一部のコピー、スキャン、デジタル化等の無断複製は著作権法上での例外を除き禁じられています。また、購入者以外の代行業者等、第三者による本書のスキャンやデジタル化は、たとえ個人や家庭内での利用であっても著作権法上認められておりません。